RÉPONSE

DE SON ÉMINENCE

LE CARDINAL ARCHEVÊQUE DE PARIS

AUX CATHOLIQUES

QUI L'ONT CONSULTÉ SUR LEUR DEVOIR SOCIAL

PARIS

LIBRAIRIE CH. POUSSIELGUE

RUE CASSETTE, 15

—

1891

RÉPONSE

DE SON ÉMINENCE

LE CARDINAL ARCHEVÊQUE DE PARIS

AUX CATHOLIQUES

QUI L'ONT CONSULTÉ SUR LEUR DEVOIR SOCIAL

Les lois portées durant ces dernières années, sur les matières qui touchent aux intérêts de la société religieuse, et à ses relations avec la société civile, ont produit une inquiétude profonde et motivée, chez les hommes soucieux de remplir le double devoir de l'amour de la patrie et de l'amour de l'Église, si bien défini par le Pape Léon XIII dans l'Encyclique *Sapientiæ christianæ.*

Nous ne sommes donc pas surpris que les catholiques se soient fréquemment adressés aux évêques, surtout depuis quelques mois, pour les consulter sur l'accomplissement de leur devoir social.

Nous ne devions pas refuser de répondre

à leurs questions. Nous l'avons fait bien des fois dans les entretiens privés. Bien des fois aussi lorsque nous avons eu l'occasion de nous rencontrer avec nos vénérables collègues, nous avons échangé avec eux nos réflexions sur cet objet constant d'une sollicitude commune pour tout l'épiscopat.

Français et attaché du fond du cœur à notre belle patrie, nous ne déclinons et n'abdiquons nullement nos devoirs et nos droits de citoyens. Ni les uns, ni les autres ne sont incompatibles avec nos devoirs et nos droits de catholiques, de prêtres et d'évêques. Saint Paul, dès les premiers jours du christianisme, n'hésitait pas à revendiquer sa qualité de citoyen romain : *Civis romanus ego sum.*

Nous parlons aujourd'hui avec la liberté que notre constitution assure à tous les Français ; cette liberté, nous en usons avec une modération d'autant plus grande, que nous sommes évêque. Appelé par notre ministère à nous tenir en dehors et au-dessus des compétitions politiques, nous avons la mission de rappeler que l'Église ne condamne aucune des formes diverses de gouvernement, de même qu'elle ne s'asservit à aucun parti. D'ailleurs, la question qui s'agite aujourd'hui est beaucoup plus haute que toutes les questions politiques. Il s'agit, en effet, de savoir *si la France restera chrétienne ou si elle cessera de l'être :* telle est la vraie question posée depuis un siècle. Les événements qui se sont succédé, durant cette période séculaire, ont été des incidents qui ont pu la faire oublier aux esprits distraits par les vicissitudes politiques. Au fond, la lutte a toujours été entre la France chrétienne, qui défend la liberté de sa foi, et les sectes antichrétiennes, personnifiées dans la Franc-Maçonnerie. Aujourd'hui l'illusion n'est plus possible.

Ce n'est pas ici le lieu d'entrer dans les détails ; dès 1882, on comptait vingt-sept projets de loi déposés aux Chambres, ayant pour but de détruire peu à peu toutes les libertés religieuses. Nous nous bornons à signaler les trois grandes atteintes portées au christianisme.

D'abord la loi de 1886, qui a complété les mesures édictées par les lois scolaires antérieures, pour la laïcisation de l'enseignement. Après avoir proscrit toute instruction religieuse de l'école publique, on en a exclu tout instituteur appartenant aux congrégations approuvées par l'Église et par le Gouvernement.

L'année 1891 verra s'accomplir l'expulsion des Frères de toutes les écoles communales, et si la loi n'a pas fixé le délai pour l'expulsion des religieuses, chaque année on laïcise un certain nombre de maisons de Sœurs, afin d'arriver pareillement à la laïcisation complète des écoles de filles.

Les maisons des religieux ont été fermées en 1880. Les lois de finances ont imposé aux congrégations religieuses de femmes et à quelques congrégations d'hommes, même à celles autorisées par le Gouvernement, des impôts qui auront nécessairement pour résultat la confiscation progressive des biens leur appartenant.

La loi du 16 juillet 1889 a soumis le clergé au service militaire, sous l'apparence de l'égalité devant la loi, sans tenir compte du caractère et des nécessités du service religieux, considéré jusqu'à ce jour comme un service public.

Il n'y a donc aucunement lieu de s'étonner de l'inquiétude profonde qui existe chez les hommes qui veulent également demeurer fidèles à la France et à l'Église. Grâce à Dieu, il y a parmi nous un grand nombre d'hommes qui comprennent cette belle parole de Léon XIII : « Si nous devons aimer le pays où nous sommes nés et avons vu la lumière, et si nous sommes tenus de l'aimer, d'une telle affection qu'un bon citoyen n'hésite pas à mourir pour sa patrie, c'est le devoir des chrétiens d'avoir la même affection, et plus grande encore, pour l'Église. »

C'est à ces chrétiens, à ces Français que nous adressons notre réponse.

Il importe, avant tout, de bien dégager les deux termes de la question; il ne faut pas la restreindre, nous allions dire la rapetisser à des compétitions de formes politiques, de république ou de monarchie. Le Pape Léon XIII, suivant la tradition constante du Siège apostolique, nous dit, dans l'Encyclique déjà citée : « L'Église, gardienne fidèle de ses droits, et non moins respectueuse des droits d'autrui, ne prétend pas qu'il lui appartienne de régler quelle est la forme du gouvernement, quelles sont les institutions que doivent préférer les peuples chrétiens dans les choses civiles. Elle ne condamne aucune des formes de gouvernement, pourvu que la Religion et la loi morale soient respectées. »

Dans la sphère politique, il peut y avoir matière à de légitimes dissentiments entre les hommes qui cherchent honnêtement le bien public, Léon XIII le reconnaît; mais il ajoute immédiatement : « Quand la Foi chrétienne est en péril, tout dissentiment doit cesser, et l'on doit, d'un commun accord, prendre la défense de la religion qui est le bien suprême de la société et le but auquel tout doit être rapporté. »

Or, nous n'hésitons pas à le dire : la Foi chrétienne est en péril pour la France, si le programme des sectes antichrétiennes doit passer dans notre législation, comme on y travaille constamment depuis quinze ans. Quels sont les devoirs des hommes qui veulent être, en même temps, fidèles à leur pays et fidèles à l'Église ?

D'abord faisons trève aux dissentiments politiques. Quand la Foi est en péril, redirons-nous avec Léon XIII, tous doivent s'unir d'un commun accord pour la défendre.

Le pays a besoin de stabilité gouvernementale et de liberté religieuse. Ces deux mots résument, croyons-nous, la disposition générale des esprits. Apportons un loyal concours aux affaires publiques ; mais demandons (les catholiques en ont le droit) que les sectes antichrétiennes n'aient pas la prétention d'identifier avec elles le gouvernement républicain, et de faire d'un ensemble de lois antireligieuses la constitution essentielle de la République.

Que les catholiques se placent nettement sur ce terrain qui leur appartient et qu'ils ne craignent pas d'affirmer leurs revendications.

Nous avons signalé les trois grandes attaques dirigées contre le christianisme : la loi scolaire, les lois relatives aux congrégations religieuses et la loi militaire.

En revendiquant énergiquement les droits de la France chrétienne, les catholiques usent de la liberté commune à tous les citoyens, ils ne sollicitent pas de privilèges.

Les pères de famille demandent que l'enseignement religieux ne soit pas proscrit de l'école ; que les instituteurs par eux préférés ne soient pas frappés d'exclusion dans les écoles publiques, uniquement parce qu'ils sont religieux, et contrairement aux principes de notre droit public, qui rend les emplois accessibles à tous les Français jouissant de leurs droits civils.

La générosité avec laquelle les familles créent et entretiennent les écoles libres, en face des écoles publiques qui souvent demeurent vides, est un témoignage indéniable et persévérant de la volonté des pères et des mères.

A une époque où l'on provoque la formation des associations de tout genre, la France chrétienne ne saurait être privée de ses associations religieuses. Des hommes qui s'unissent pour prier, pour étudier, pour exercer les œuvres de la charité, ont les mêmes droits que les autres citoyens; on ne saurait les en dépouiller sans violer la liberté et l'égalité devant la loi.

Que les associations religieuses supportent les mêmes charges que les autres citoyens : elles ne s'y sont jamais refusées; mais elles demandent à n'être pas soumises à des lois d'exception, à n'être pas assujetties à payer deux fois l'impôt, ni à subir un système d'exigences fiscales reconnues injustes et inapplicables de l'aveu de tous.

Nous n'avons pas la prétention d'étudier l'organisation de l'armée, d'examiner si le service militaire, dans les conditions déterminées par les lois récentes, n'impose pas à la France une charge écrasante, contraire à ses véritables intérêts. Ce n'est pas à nous de discuter les questions laissées à l'appréciation des hommes d'État; on ne peut toucher qu'avec une extrême réserve aux choses qui intéressent la sécurité ou l'honneur national. Nous ne prétendons pas que le clergé soit exonéré de toute participation aux charges imposées pour la défense du pays; mais que la part qui lui sera faite soit compatible avec le caractère sacré et les devoirs du prêtre. C'est une question qui par sa nature même exige le commun accord de l'Église et de l'État. Il y a dans l'armée un service d'assistance pour les malades et les blessés. Ce service, pour être complet, doit assurer à nos soldats les consolations religieuses de l'âme aussi bien que les soins du corps. Nos prêtres et nos séminaristes ont montré à l'époque de nos dernières guerres comment ils sauraient remplir dans les ambulances et les hôpitaux ce double ministère. Nous avons la conviction que dans une organisation de l'armée faite en harmonie avec les lois de l'Église, le clergé aurait sa part de service qui ne serait ni la moins pénible, ni la moins périlleuse. L'armée y puiserait un nouvel élément de courage militaire et de valeur morale. Les familles seraient consolées par la pensée que leurs fils mourant pour la France auront près d'eux un prêtre pour les bénir et représenter la famille absente.

Ces revendications des catholiques sont loin d'être contraires aux intérêts du pays.

Tous conviennent que nos missionnaires, nos Frères des écoles chrétiennes, nos Sœurs de charité sont les agents les plus précieux de l'influence française dans les pays étrangers où ils font pénétrer avec la religion catholique et la langue de la France, l'amour de la généreuse nation qui les envoie.

Les lourdes charges de l'enseignement primaire ne peuvent qu'être allégées par le libre développement des écoles chrétiennes.

Il en est de même pour les hôpitaux ; en y réintégrant les sœurs de charité on allégera les charges de l'assistance publique et on répondra aux vœux des malades, les meilleurs appréciateurs du dévouement de nos religieuses hospitalières.

Les catholiques, en revendiquant leurs droits à la liberté commune de tous les citoyens, défendront les consciences contre l'oppression que les sectes antichrétiennes tendent à faire peser sur elles. On ne dissimule pas en effet qu'on veut plus encore imposer une doctrine qu'une forme de gouvernement. Or, nulle oppression n'est plus douloureuse pour un peuple, que celle d'une doctrine imposée par l'État et nous ne nous trompons pas en affirmant que beaucoup d'hommes souffrent aujourd'hui de cette oppression, obligés de taire leurs croyances pour ne pas compromettre leur avenir et celui de leur famille. Aussi nous sommes assuré que les hommes honnêtes qui ne subissent pas le joug des sectes antichrétiennes s'uniront aux hommes de foi sur ce terrain des libertés civiles et religieuses.

Que les efforts des gens de bien ne s'usent pas en des luttes politiques stériles ; mais qu'ils se portent là où les appelle le péril religieux et social, là où les réclament les vrais intérêts de la France. Nous ne voudrions pas de dénomination de parti. Pour nous, c'est la France chrétienne qui, sans renier aucuns des progrès légitimes de notre siècle, s'unit pour défendre sa foi, ses traditions et ses gloires nationales contre les hommes qui voudraient la déchristianiser. Il appartient à tous ceux qui acceptent ce programme de le poursuivre par les voies légales, avec calme, énergie et persévérance. Loin qu'on puisse les accuser de conspirer contre le gouvernement, ils seront les meilleurs soutiens de l'ordre public.

Nos conseils ne seraient pas complets, si nous ne disions aux catholiques : le devoir social ne s'accomplit pas seulement dans les assemblées législatives. Chacun de nous doit le remplir dans la position élevée ou modeste que lui a faite la Providence, en prenant part à toutes les œuvres utiles. Les questions sociales et ouvrières occupent une large place dans les préoccupations actuelles. Que les chrétiens y apportent les principes de justice et de charité qui seuls peuvent en fournir la solution. Les essais tentés

par les grands industriels chrétiens, dans
ces dernières années, en sont la preuve ma-
nifeste.

Que les catholiques soient aussi les pro-
moteurs et les soutiens des œuvres scolaires
et hospitalières. Rien ne donne plus de vie
féconde à un peuple que l'initiative privée
créant des établissements scientifiques et
charitables. Comme aussi rien ne donne plus
de stabilité et de force à un gouvernement
que l'intelligence avec laquelle il dirige et
encourage cette initiative.

La famille est le berceau de la société :
Léon XIII l'a rappelé dans l'Encyclique *Sapientiæ christianæ*, et après lui, nous recom-
mandons instamment aux catholiques de
remettre en honneur dans leur foyer les
habitudes viriles d'abnégation, de prière et
de travail qui forment le caractère distinctif
des familles chrétiennes.

Nous ne pouvons clore cette lettre, sans
nous souvenir que l'homme travaille en vain
à bâtir et à garder la cité, si Dieu lui-même
ne l'édifie et ne la garde. Les sectes antichrétiennes veulent créer une France athée.
Nous serons des hommes de prière ; nous
nous attacherons à la croix qui a sauvé le
monde et nous renouvellerons le souhait
patriotique que formait le vénérable cardi-

nal Guibert en posant la première pierre de l'église du Vœu national au Sacré-Cœur. « Ce que nous demandons, c'est la conversion de la France, non la conversion à telles ou telles opinions ; mais sa conversion ou plutôt son retour à la foi chrétienne, aux espérances éternelles, à l'amour de Dieu qui embrasse et comprend aussi l'amour des hommes. Ainsi la pacification sociale est au terme de l'œuvre dont nous poursuivons la réalisation. »

Nous avons parlé comme évêque, nous ajouterons comme évêque français, aimant l'Église de toute la force de notre âme, aimant la France avec la même énergie.

Évêque et évêque français nous devions une parole sincère et loyale aux hommes de notre temps et de notre pays. Nous avons souhaité qu'elle ne blessât personne ; mais nous n'avons voulu ni trahir, ni affaiblir la vérité.

Puissions-nous avoir rempli le devoir de notre charge en parlant un langage digne de la France chrétienne !

Paris, le 2 mars 1891.

† FRANÇOIS, CARDINAL RICHARD,
Archevêque de Paris.

PARIS. — IMPRIMERIE F. LEVÉ, RUE CASSETTE, 17.